Alger change brusquement, tout bascule...

Par Hélène FAUQUE

TOME 2

Sommaire

Que se passe-t-il à Alger ?...4
    Voici son histoire : 7
    La bombe dans le lampadaire au 3 Rue Sadi Carnot à Alger.. 12
    Le plastic chez nous : rue Sadi Carnot 14
    Les tirs à Tablat.. 25
    Les émeutes de la rue Sadi Carnot, notre fuite vers Birmandreis.. 29
    Le milk-bar, rue d'Isly à Alger................................. 34
L'ultime traversée, le départ d'Alger...........................37
Notre voyage en train : destination finale !...................49
L'hommage aux victimes de cette terrible guerre !...........57
Le putsch d'Alger...62
Une nouvelle vie commençait ! « Les Rossays »............67
Conclusion..81

Que se passe-t-il à Alger ?

Ce jour-là, Hélène venait de regagner son petit logement qu'elle retrouvait avec bonheur, tant elle était ravie de pouvoir se réchauffer après les chutes de neige qui tombaient sans discontinuité sur le sol de la petite ville de Viry-Châtillon. Elle se mettait soudain à penser à Alger. « Là-bas, elle avait connu un jour, un froid inattendu, phénomène rare et exceptionnel dans ce pays. Il avait même neigé ! Il avait donc fallu se réchauffer autour d'un « canoun » rempli de braises incandescentes étant donné qu'il n'y avait pas de chauffage dans l'appartement. Forcément, nous n'en avions pas besoin avec la douceur d'un climat tempéré. C'était notre femme de ménage, Zohra qui nous l'avait apporté, pensant que cela nous permettrait de lutter contre le froid glacial qui sévissait sur Alger.

Alors qu'un week-end de répit s'annonçait à Viry-Châtillon, Hélène était dépitée ! Encore une journée à ne pas savoir quoi faire avec ce maudit temps ! Il faisait si froid !

La neige avait enfin cessé de tomber pour l'instant. Un pâle et timide soleil essayait de se frayer un chemin à travers un ciel encore opaque et blanc. Alors, Hélène retrouvait un peu de son énergie.

« C'est vrai pensait-elle, je ne vais pas rester là, sans rien faire, à « broyer du noir » toute la journée. Ce n'est pas dans mes habitudes » se disait-elle. Il est grand temps maintenant que cela change et que je sorte de mon inertie.

À nouveau pleine d'entrain, elle venait de prendre une grande décision. Maintenant qu'elle avait terminé et publié son livre « Sur la route d'Alger », récit dans lequel elle relatait avec passion et émotion les merveilleux moments qu'elle avait connus là-bas (du temps de l'Algérie française), elle allait maintenant, se mettre à la rédaction du Tome 2 afin de donner une suite à son histoire, en abordant un thème malheureusement douloureux, celui de la guerre d'Algérie.

Sur ce point, même si c'était à contrario du tome 1 une histoire dure, Hélène tenait absolument à raconter tout ce qu'elle avait enduré durant cette triste période.

C'est vrai *pensait-elle*, mon souhait le plus cher est de dévoiler aux lecteurs tout ce que nous avons subi pendant cette période cruciale. Il est temps de rétablir la vérité. D'abord, se disait-elle, c'est une façon de rendre hommage à toutes les victimes de cette guerre mais aussi, de « sortir de l'ombre » en étant reconnu de par notre véritable valeur afin de prouver à ceux qui en doutent encore, que nous avons existé et que nous devons avoir une place dans l'histoire de France.

Alors Hélène entame son récit. Elle fouille dans sa mémoire et se remémore tous les évènements tragiques qu'elle a connus là-bas. Ses mains courent sur le clavier de l'ordinateur. Elle a tant de choses à dévoiler !

Voici son histoire :

Les jours passaient et notre bonheur était pur et intact. Nous grandissions tranquillement et profitions des bienfaits que cette belle ville nous apportait tous les jours.

Et soudain, les visages les plus souriants étaient devenus graves. Des passants à la mine sombre nous côtoyaient sans nous voir. Tout le monde avait l'air plongé dans des pensées moroses. Mais où étaient donc passés ces éclats de rire si communicatifs ? Les gens ne plaisantaient même plus entre eux, ne s'interpellaient même plus haut et fort, comme ils en avaient l'habitude.

Je n'y comprenais rien. J'avais entendu dire que les adultes étaient compliqués, mais, je ne pensais pas que c'était à ce point-là ! Tout avait décidément changé. Grand-mère Jeanne, tante Marie, mes parents, tous ainsi réunis autour de la table de la salle à manger, discutaient sans entrain, l'air préoccupé. De toute évidence, quelque chose les contrariait et à voir leur triste mine, cela semblait vraiment grave. Quelquefois, des oncles et des tantes venaient s'ajouter à cette réunion morose.

Je les surprenais, parlant à voix basse, chuchotant même ; les yeux rougis de ma tante Marie m'inquiétaient : elle qui n'avait pas l'habitude de se laisser aller ! Lorsqu'elle croisait mon regard interrogateur, elle s'efforçait de me sourire. Mais ce sourire n'était pas le sien. Où étaient donc passés sa bonne humeur et son entrain ?

Je pensais que tout cela n'était que passager aussi, comme si de rien n'était, je continuais à vaquer à mes occupations. Je persistais à vouloir mener la vie que j'avais eue auparavant et que je chérissais tant. Je souhaitais simplement continuer de « mordre la vie à pleines dents ».

Et puis un jour, assise à même le sol, sur le carrelage frais du balcon de la rue Sadi Carnot, je dévorais « la semaine de Suzette » que le kiosque à journaux, au bout de la rue, venait de me vendre.

J'étais bien, il faisait bon, l'air était doux, le ciel était d'un bleu limpide. J'étirais mes membres engourdis et m'interrompais quelques instants afin d'observer le va-et-vient incessant des passants, qui se promenaient nonchalamment.

Soudain, un brouhaha me tirait de ma rêverie ; une ambulance, suivie de près par une autre ambulance, passait dans la rue à une vitesse vertigineuse, laissant derrière elle, s'échapper des hurlements de sirène stridents qui me serraient le cœur.

Le calme rétabli, je reprenais ma lecture. Mais malheureusement, pas pour très longtemps ! D'autres ambulances passaient à nouveau à vive allure, sous nos fenêtres, se dirigeant vers le Champ de Manœuvres qui se trouvait dans le prolongement de la rue Sadi Carnot. Ce vacarme épouvantable venait troubler la quiétude d'une si belle journée déjà bien entamée.

Je rentrais précipitamment dans l'appartement. Même en jetant un regard vers ma mère, je ne parvenais pas à être rassurée. Je ne la reconnaissais pas : elle se précipitait vers le balcon, le visage soudain assombri. Je la suivais inquiète.

Les immeubles avoisinants, ceux d'en face, de droite, de gauche, étaient remplis de monde. Tous se penchaient en direction du Champ de Manœuvres, scrutant le bout de la rue Sadi Carnot, le regard inquisiteur. Interdite, je me demandais ce qui se passait. Ma mère discutait avec nos voisins de palier. Moi, j'essayais de me rassurer comme je le pouvais, en écoutant la conversation des « Grands ».

Dans la rue, les commerçants discutaient devant leur pas de porte, interpellant même des passants porteurs de nouvelles. Leurs conversations étaient animées, toute cette effervescence ne laissait rien présager de bon. La consternation, la colère se lisaient sur tous les visages. Tout cela ne faisait qu'augmenter ma frayeur.

Des mots terrifiants sonnaient à mes oreilles : « bombe », « les pauvres jeunes », « beaucoup de victimes » !

Abasourdie, je regagnais notre logement, espérant que tout ce que je venais d'entendre n'était qu'un horrible cauchemar et que tout allait redevenir comme avant.

La joyeuse et espiègle petite fille que j'étais, espérait profiter à nouveau du calme, de la quiétude si chère à « Alger la Blanche ».

Mais, ce jour-là, tante Marie, contrairement à son habitude, avait quitté son bureau de très bonne heure et était rentrée dans l'appartement de la rue Sadi Carnot, la mine défaite. En nous voyant tous présents, je discernais sur son visage, un réel soulagement.

Les explications sur cette fin de journée mouvementée s'étaient vite propagées. Même ma tante en connaissait la cause. Elle arrivait porteuse d'une bien triste nouvelle : le FLN avait encore frappé : une bombe avait été placée dans un club fréquenté pour la plupart par des jeunes et il y avait beaucoup de victimes ! C'était paraît-il un spectacle insoutenable. Eh oui, le FLN venait troubler notre douce vie par des actes de barbarie !

J'étais non seulement peinée mais aussi révoltée. J'avais à nouveau l'impression d'avoir fait un mauvais rêve. Mille questions trottaient dans ma tête ! Pourquoi eux ? Qu'avaient-ils fait ? N'avaient-ils pas le droit de danser, de s'amuser, comme la plupart des jeunes de leur âge ?

À table, je mangeais sans faim. Moi qui d'habitude était si active, je demeurais silencieuse, pensant à tous ces jeunes, à leurs parents, à leur famille, à leurs amis, tous frappés par cette terrible fatalité !

J'avais l'impression que la belle carte postale qu'Alger représentait pour moi, semblait soudain ternie, (comme si elle était tombée dans de l'eau boueuse). Pendant un instant, les merveilleux paysages dont j'étais si fière, la faune, la flore, la mer... tous étaient devenus subitement insignifiants à mes yeux ! C'était comme si « Alger La Blanche » aux multiples facettes, avait perdu tout son éclat !

Le soir tombait, la ville avait repris son aspect de tous les jours. Tout était redevenu à nouveau tranquille et nous nous efforcions de retrouver la vie d'avant, laissant derrière nous l'amertume, la tristesse qui nous avaient envahis.

Mais ce répit était décidément de courte durée...

La bombe dans le lampadaire
au 3 Rue Sadi Carnot à Alger

Nous devions sortir juste au moment où cette horrible déflagration avait retenti, mais notre mère, nous avait retardés par une dernière tâche ménagère qu'elle avait à terminer avant de se donner un peu de bon temps.
« Comme tu as eu raison Maman, de calmer et de retarder tes trois enfants débordants de vitalité qui avaient hâte de sortir et de profiter une fois de plus des bienfaits que cette ville si chère à nos yeux, nous procurait et dont nous ne nous en lassions jamais » !

Enfin prêts, nous nous apprêtions à franchir le seuil de la porte d'entrée, lorsqu'une terrible explosion retentissait, faisant vibrer tous les murs de notre logement ! Les carreaux de la porte-fenêtre de la salle à manger volaient en éclats et une clameur effroyable se faisait entendre. Nous restions là, saisis par l'émotion mais très vite, notre mère nous emmenait nous réfugier chez le voisin du dessus.

Celui-ci nous accueillait aimablement puis, tout en jetant un regard circulaire dans la rue, il ne cessait de commenter à voix haute, le spectacle de désolation d'un quartier touché par une bombe. Et, ni l'air choqué de notre mère, ni le visage apeuré de trois enfants ne lui donnaient l'idée de se taire. Alors, n'en pouvant plus, nous regagnions bien vite notre domicile.

Plus tard, dans la soirée, notre mère nous emmenait à la boulangerie qui se trouvait en face de notre immeuble, afin d'y acheter son pain. Pendant qu'elle bavardait un peu avec la vendeuse, je jetais machinalement, un regard circulaire vers les viennoiseries, les gâteaux, le pain... et chose curieuse, je les voyais pour la première fois, à travers un épais brouillard !

Finalement, on apprenait qu'une bombe artisanale avait été déposée par un faux employé du gaz dans le réverbère du 3 rue Sadi Carnot, non loin de notre immeuble qui se trouvait au 7 rue Sadi Carnot. On dénombrait de nombreuses victimes, tous des innocents ! Encore une fois, le FLN avait frappé durement ! Pourquoi toute cette barbarie, pourquoi cet acharnement !

Le plastic chez nous : rue Sadi Carnot

Tout près de chez nous, dans un renfoncement d'immeuble, un petit buraliste s'y était installé. On trouvait chez lui : revues, tabac, briquets, allumettes mais aussi, les journaux quotidiens que l'on achetait comme : la dépêche quotidienne ou l'écho d'Alger. L'accueil qui nous était réservé était en général chaleureux et lorsque notre père venait en week-end, il s'arrêtait souvent chez ce buraliste pour prendre un peu de bon temps en bavardant un peu.

Tout près de ce buraliste, se trouvait notre immeuble. J'avais remarqué depuis que nous y habitions, que les boites aux lettres ne fermaient pas à clef, mais, par un simple verrou qui y était placé, permettant l'accès de quiconque venant de l'extérieur, et je dois dire que cela n'était pas très normal ! Il y avait une chose que nous aimions faire avant tout, ma sœur Michèle et moi, en rentrant dans cet immeuble, c'était nous occuper du courrier qui y était déposé, toujours heureuses de le remettre à notre mère ou à tante Marie. Eh oui, que voulez-vous, c'était devenu pour nous un jeu. Mais, un jour, quelle n'était pas notre surprise lorsque nous avions trouvé un feuillet blanc sur lequel était gravé à l'encre de chine, une tête de mort et un message y était inscrit :

« dernier avertissement ». Et en plus, c'était signé par l'OAS.

Pensant que c'était une plaisanterie, nous pouffions de rire et farceuses comme nous étions, nous déposions le tract dans la boite aux lettres d'un autre voisin. Mais, chose curieuse, ce feuillet réapparaissait à nouveau les jours suivants.

Alors, prenant l'affaire au sérieux, nous l'apportions à notre mère et à tante Marie, mais, là encore, toutes deux riaient à la lecture de ce papier et le jetaient à la poubelle. Depuis, nous n'avions plus reçu aucune autre menace.

Lorsqu'un jour, je venais de sortir du cours Fénelon et me dirigeais tranquillement vers mon logement, rue Sadi Carnot. Il est vrai qu'après cette journée bien remplie, j'avais hâte de retrouver ma famille. Durant ce court trajet, je profitais pleinement d'un chaud soleil sous un ciel bleu limpide. Comme c'était agréable de parcourir les rues d'Alger !

Mais, cette tranquillité semblait être de courte durée ! En effet, au fur et à mesure que j'approchais de mon lieu d'habitation, je remarquais une agitation inhabituelle qui me tirait de ma quiétude.

Ici et là, des commerçants s'activaient dans la rue, balayant leur pas de porte. De loin, j'apercevais, le marchand de pièces détachées pour voitures qui, lui aussi, balayait sans mots dire. Il paraissait préoccupé. Tout cela ne me laissait rien présager de bon. Avant de traverser, je jetais un regard circulaire autour de moi et constatais avec stupeur que d'importants gravats s'entassaient devant notre immeuble. Que s'était-il passé ? J'avais peur et pressais soudain le pas. Arrivée à l'entrée, c'était la stupeur ! Je ne savais plus par où passer tant tout était pêle-mêle, tout était à terre, tout était cassé, tout était amoncelé, tout était dans un désordre indestructible ! Des pans de mur, des briques, du plâtre jonchaient le sol. Tout le monde s'activait, balayait, ramassait…, je ne voyais que cela autour de moi ! Partout, c'était un champ de ruines ! Il n'y avait même plus de minuterie !

Aussi, dans la pénombre, j'accédais péniblement aux étages supérieurs. Au 2e étage, j'apercevais nos deux voisines du dessous, qui elles aussi, s'activaient. En me voyant arriver, elles s'interrompaient et me disaient : c'est chez toi, mais ça va ».

J'arrivais enfin toute tremblante à mon étage, le 3e étage et là, c'était la stupéfaction. Un champ de bataille s'y trouvait aussi bien chez nous, que chez le voisin de palier. Et là, juste devant moi, ma mère, ma tante Marie, mon frère Dominique m'attendaient. J'étais rassurée de les voir tous ainsi présents quoique, je remarquais l'absence de ma sœur Michèle.

Ma tante Marie, ma mère prenait tour à tour la parole m'expliquant, encore sous le coup de l'émotion, que ma sœur se trouvait dans le logement lorsque l'explosion avait eu lieu. Il y avait eu plein de fumée, un début d'incendie, des pompiers, des policiers, des journalistes. À les entendre parler ainsi, je me mettais soudain à détester l'imparfait !

C'est vrai, j'en étais arrivée à penser : « ma sœur n'est plus parmi nous alors, il lui est arrivé quelque chose, puisqu'elles parlent d'elle, dans le passé ! »

Puis, sans en demander davantage, je fondais en larmes. Ma mère me regardait et me demandait alors : « pourquoi pleures-tu » ? Je répondais simplement : « parce que Michèle n'est plus là ! »

Alors, en chœur, toutes deux s'écriaient de plus belle ; disant haut et fort : « mais non, elle est dans la salle à manger, va vite la voir ».

Je retrouvais alors ma sœur qui me racontait tous les évènements tragiques qu'elle venait de connaître. C'était affreux, tout ce qu'elle avait enduré !

Je revois encore en images, notre appartement complètement dévasté : dans notre salle à manger, une partie du mur de séparation avec notre voisin s'était effondrée laissant entrevoir l'intérieur du logement que ce dernier occupait. La porte d'entrée de notre habitation sous l'effet du plastic avait été soufflée et était donc désormais inexistante. À la place, une grande planche en bois avait été placée.

De nombreux voisins étaient venus nous témoigner leur soutien et il avait été décidé que la porte d'accès à notre immeuble serait fermée à clef, afin d'éviter toute intrusion extérieure en ces temps difficiles, d'autant que nous n'avions plus qu'une planche de bois en guise de porte. Franchement, c'était un cauchemar et, tout cela avait duré un bon mois avant qu'un menuisier ne vienne poser à notre grand soulagement, une nouvelle porte.

Le pire, c'était dans la soirée, au moment du coucher, parce que là, ce n'était pas très rassurant de rester toute une nuit dans un tel logement. Aussi, toute notre famille au grand complet : ma mère, tante Marie, mon frère Dominique, ma sœur Michèle et moi, nous avions décidé de dormir dans la plus petite chambre, (dix mètres carrés au grand maximum et encore), mais c'était la seule qui fermait à clef, ce qui nous rassurait quelque peu. Là, nous avions installé des lits de fortune.

J'apprenais alors que peu de temps après ce drame, le jeune homme du petit bureau de tabac était venu se rendre compte de l'ampleur des dégâts dans notre immeuble, et n'en revenant pas, il avait dit à ma famille : « C'est une erreur, on s'excuse, on vous remboursera » !!!

Alors là, je restais sans voix, interdite devant de tels aveux. Je me demandais si je ne rêvais pas ! Je me disais : « parce que c'est lui qui a comploté tout cela, c'est lui qui a participé à cet attentat qui a failli coûter la vie à ma sœur Michèle ? Mais, pourquoi ? Il nous connaissait pourtant ! Pourquoi tant de lâcheté ? Comment avait-il pu ? Et pourquoi l'OAS » ?

Depuis, ce jour maudit, nous n'avions plus jamais revu ce buraliste et à sa place, une dame d'un certain âge l'avait désormais remplacé.

Que dire de cette histoire, si ce n'est qu'elle est effrayante de par le comportement inadmissible de ce buraliste. Depuis, aucune explication valable ne nous a jamais été donnée, tout est resté injustement dans l'ombre !

Finalement, une forte charge de plastic déposée par l'OAS, avait endommagé tout notre immeuble, notre logement mais aussi, elle avait troublé notre quiétude et toute celle du voisinage.

Voilà, cette triste histoire n'aurait jamais dû exister et pourtant, elle s'était déroulée au 7 rue Sadi Carnot à Alger !

Les tirs de mitraillette sur le balcon de la rue Sadi Carnot

le balcon de la rue Sadi Carnot

C'est sur ce balcon que l'enfant au tablier rouge que j'étais, avait connu un jour la pire frayeur de sa vie lorsqu'un CRS avait tiré avec une mitraillette en ma direction et ce coup de feu aurait pu être fatal si ce n'était l'intervention de ma mère qui m'avait sauvée in extremis de cette situation. Le lendemain matin, ma famille trouvait par terre sur le balcon, une grande douille de balle et au mur (en haut, à gauche) un impact de balle qui était la preuve que ce tir de mitraillette visait malheureusement ma tête. Quelle consternation, quelle émotion dans ma famille mais aussi dans le voisinage !

Je m'en souviens comme si c'était hier ! Ce jour-là, je m'apprêtais à profiter d'un temps clément, quand une nouvelle tombait sur Alger : celle d'un couvre-feu qui devait avoir lieu alors qu'il faisait encore jour. Eh oui, nous avions l'interdiction de sortir dans les rues de la capitale mais, aussi d'aller sur notre balcon puisqu'il fallait maintenir les volets clos et rester à l'intérieur de notre logement, toute la journée jusqu'au lendemain matin et, si tout cela n'était pas respecté, les CRS avaient ordre, de : « tirer sur tout ce qui bougeait » !

Ça alors, c'en était trop ! Je n'en revenais pas. Aussi, bien que je sois en général, d'humeur joyeuse, ce jour-là, j'en voulais au monde entier. Je ne comprenais pas pourquoi une telle interdiction, pourquoi une telle menace ?

Eh oui, nous avions donc dû nous plier à ces ordres mais, il faut reconnaître, qu'enfermés dans le logement alors qu'un chaud soleil brillait généreusement, c'en était trop ! Le temps paraissait bien long aussi, lorsqu'un concert de casseroles venait à retentir joyeusement. Je regardais à travers les volets entrebâillés et là, j'apercevais des voisins de l'immeuble d'en face, qui s'étaient rassemblés sur leur balcon et brandissaient des ustensiles de cuisine à n'en plus finir, dans un vacarme épouvantable.

Alors, ravie de voir cela et afin de satisfaire ma curiosité, je poussais rapidement le volet puis, rejoignais mon cher balcon, heureuse de pouvoir enfin profiter de cette fin de journée. Tout allait bien quand, soudain, venant du carrefour de l'Agha, j'apercevais une automitrailleuse qui roulait lentement. Interdite, je restais là debout, attendant de voir qu'elle allait être la réaction de ces CRS qui ne pouvaient pas, ne pas entendre ce bruit assourdissant ! L'automitrailleuse venait juste de passer sous l'immeuble d'en face sans qu'aucun CRS ne s'en prenne à qui que ce soit, ils demeuraient imperturbables ! Puis, poursuivant leur chemin, ils arrivaient maintenant à proximité de notre immeuble. J'étais terrorisée, je restais clouée sur place, je n'avais plus le temps de regagner l'intérieur de la maison et n'avais plus qu'une solution, celle de rester collée au mur gauche du balcon, espérant que, ma silhouette ne serait pas visible. Et là, le CRS de gauche levant la tête en ma direction, pointait cette sinistre mitraillette ! Je ne pouvais plus rien faire, j'étais atterrée, je me croyais déjà morte lorsque ma mère attirée par le bruit du concert de casseroles, venant voir ce qui se passait, me tirait rapidement de ma situation désastreuse en me faisant rentrer prestement dans l'appartement.

Derrière moi, un violent coup de feu retentissait et résonnait tristement !

Les tirs à Tablat

Voici la seule photo que je possède de Tablat !

La première fois où j'avais découvert Tablat, j'avais été étonnement surprise par sa vue d'ensemble. À contrario, si la maison où logeait notre père, était située dans un quartier aux habitations avoisinantes modernes et au sol fait de bitume, j'avais été frappée par ce qui était censé représenter le centre de ce petit village. C'était une grande place de terre battue rouge où les habitants avaient pour habitude de se rassembler avec uniquement, un seul commerce implanté sur ce lieu : une minuscule boutique au toit fait de tôles ondulées ; où quelque épicerie disséminée, çà et là, courait dans les rayons.

Pendant la guerre d'Algérie, notre père avait été réquisitionné et affecté dans une petite bourgade que l'on appelait Tablat dit : le « bled ». Ce petit village était situé à soixante-dix kilomètres d'Alger et il faut dire que, du début jusqu'à la fin de ce trajet, ce n'était que des virages forts prononcés qui s'ensuivaient sans discontinuité.

Durant les vacances scolaires, notre père était venu nous chercher avec sa voiture, une dauphine blanche et nous prenions alors la route, en direction de ce lieu. Mais, avouons-le, nous n'étions pas très rassurés durant ce long trajet, sachant que de nombreux fellaghas sévissaient durement dans la région. Aussi, tout le long de la route, je scrutais toujours à travers les nombreux bosquets qui se présentaient, afin de voir si quelqu'un ne s'y cachait pas.

Plus tard, lorsque les évènements s'étaient aggravés, nous étions tout le temps escortés sur la route par deux automitrailleuses qui roulaient doucement devant et derrière notre dauphine, pour nous protéger. Bien sûr, nous mettions beaucoup plus de temps, ainsi, escortés de la sorte. Mais, que voulez-vous, c'était cette horrible guerre qui n'en finissait plus !

Comme il se doit, notre père était domicilié sur son lieu de travail. Il logeait au premier étage d'une maison et le rez-de-chaussée était occupé par une autre famille.

Je me souviens que la première fois où nous étions arrivés à Tablat, la citadine que j'étais, avait été conquise par une cigogne qui avait installé son vaste nid sur le toit d'une proche maison. Quel spectacle enchanteur !

Pour les repas, lorsque nous arrivions là-bas, je garde en souvenir, les énormes gamelles en métal que l'on nous apportait. Et, je dois dire que la nourriture qui était servie, était in-mangeable. Aussi, notre mère nous faisait souvent la surprise d'apporter des mets délicieux qu'elle avait pris le soin de préparer, rue Sadi Carnot, avant de partir, et qui allaient bien aiguiser nos papilles !

Je revois aussi, à l'entrée de ce village, une belle et imposante demeure qui y était installée. C'était une sous-préfecture et à chacune de nos arrivées sur Tablat, tous les jours, pendant notre séjour, la maîtresse de maison de ces lieux, avait pris pour habitude de nous inviter à venir prendre une citronnade bien glacée qu'elle nous servait dans de jolis verres.

L'après-midi donc, nous quittions notre logement et, faisant le court chemin à pied qui nous séparait de cette demeure, nous nous installions dans de confortables sièges de jardin, sirotant doucement une agréable citronnade qui nous rafraîchissait. Nous profitions ainsi, d'un jardin fleuri qui embaumait l'atmosphère. En contrebas, des vignes, des arbres fruitiers de toute beauté s'étalaient sur une grande partie du terrain. Quant à notre mère et à la maîtresse de maison, elles bavardaient inlassablement, heureuses de profiter d'agréables moments de détente.

Un jour, alors qu'il était presque midi, au moment où nous allions bientôt goûter aux bons petits plats de notre mère, une déflagration éclatait ; elle était suivie par une autre déflagration. Cela provenait de la salle à manger. Ma sœur Michèle et moi nous nous précipitions et là, je n'en croyais pas nos yeux ! Quel cauchemar ! Juché sur un haut fauteuil, mon petit frère Dominique, s'était emparé des jumelles de son père et debout sur le siège, faisant fi des balles qui ricochaient de toutes parts, il observait le spectacle de rue qui était loin d'être éloquent. Michèle s'apercevant que les balles fusaient de plus en plus (arrivant même à trouer les vitres des fenêtres), l'emmenait bien vite se mettre à l'abri dans une autre pièce, tout en me conseillant d'en faire autant. Lorsque les tirs cessaient enfin, faisant place à un silence lugubre mais bénéfique, je regardais par la fenêtre : la vue sinistre de corps entassés dans un camion, me laissait sans voix. Le FLN avait durement frappé le petit village de Tablat !

Les émeutes de la rue Sadi Carnot, notre fuite vers Birmandreis

Ce dimanche matin là, notre famille avait décidé de se rendre au marché Clauzel, qui était situé non loin de notre habitation (juste quelques marches à franchir et nous y étions). Arrivés sur place, nous constations qu'il y avait beaucoup moins de monde que d'habitude. Un vendeur nous apprenait alors, que cette journée était un peu particulière puisqu'il n'y avait ni trolleybus, ni tramways, peu ou pas de voitures, ni de piétons. Alger était devenue une ville déserte !

Aussi, une fois nos achats terminés, nous nous apprêtions à traverser au carrefour de l'Agha, lorsque des personnes commençaient à nous bousculer et à se battre. D'autres groupes se formaient rapidement et bientôt, la rue était devenue un véritable champ de bataille.

Effrayés, nous rentrions bien vite dans notre immeuble. Et là, de notre balcon, nous apercevions alors, des bandes qui se formaient dans notre rue pourtant jusqu'à présent déserte et, des combats de rue qui s'intensifiaient lamentablement. C'était effrayant ! C'étaient les premières émeutes dans cette ville jusqu'à présent, épargnée. Vers midi, à la hâte, nous avalions un frugal repas. Plus question de cuisiner quoi que ce soit, dans de telles conditions ! Nous n'avions qu'une idée en tête, c'était partir loin de toutes ces violences !

Lorsqu'enfin, aux environs de treize heures, le calme s'abattait à nouveau sur la ville, d'un commun accord, nous décidions d'aller rejoindre notre logement à Birmandreis, où là, cela devait être plus calme.

Toutefois, en sortant dans la rue, il fallait se rendre à l'évidence que parcourir à pied une aussi longue distance qui nous séparait de Birmandreis, c'était de la pure folie. Mais que faire d'autre, il fallait fuir ces émeutes avant qu'elles ne reprennent et ne s'aggravent. Alors, sans grande conviction, nous entamions notre marche dans une rue pour l'instant vide de tout trafic. Nous commencions déjà à donner des signes de fatigue lorsque là, à l'angle d'une rue, un taxi déchargeait un passager et ses bagages. Quant à nous, heureux de cette aubaine, nous montions bien vite dans cette voiture.

Le trajet se déroulait fort bien quand, tout à coup, on ne sait pas pourquoi, le chauffeur de taxi tout en abordant une vaste cité, s'y arrêtait et nous disait : « je n'ai presque plus d'essence, je rentre chez moi, j'habite ici, vous devez trouver une autre voiture pour faire le reste du trajet ».

Ça alors ! Nous n'en revenions pas, nous étions abasourdis ! Que faire, nous étions perdus là, nous ne connaissions personne ! Déjà, des enfants de la cité qui jouaient à l'extérieur s'étaient rassemblés autour de la voiture, et les mains collées aux poignées des portes, ils essayaient tant bien que mal de les ouvrir. Des habitants venant d'immeubles avoisinants, se regroupaient autour du véhicule, et nous dévisageaient, l'air méfiant et dubitatif. Tout cela ne nous rassurait guère et la situation ne pouvait s'éterniser ainsi.

Quand tout à coup, une autre voiture taxi qui connaissait notre chauffeur, s'arrêtait près de lui et après, des discussions qui nous paraissaient interminables, tant nous avions hâte de parvenir à bon port, ce nouveau taxi donc, décidait de nous véhiculer sans encombre, jusqu'à Birmandreis. Arrivés sur place, nous constations, quelque peu effrayés, la présence de tanks, de voitures automitrailleuses qui barraient chaque coin de rue de la Concorde. C'était un spectacle impressionnant qui laissait présager une situation bien délicate !

Aussi, avant de regagner notre logement, notre mère se dirigeait avant tout, vers une petite épicerie qui se trouvait juste dans le renforcement d'un bâtiment. Eh oui, en ce samedi après-midi déjà bien avancé, il fallait prévoir de quoi préparer le repas du dîner. Mais, lorsque ma mère énumérait tout ce dont elle avait besoin, la commerçante répondait par la négative. Plus d'œufs, de jambon, de pain, de fruits et de légumes… tout avait été dévalisé en raison des graves évènements qui sévissaient dans cette ville. Ainsi, les habitants de la cité avaient stocké des provisions et restaient barricadés chez eux. Finalement, nous ressortions de cette boutique, avec une boite de haricots verts et deux boites de thon ! C'était cela, notre dîner !

Dès le lendemain, ragaillardis par la fraîcheur du matin, nous nous apprêtions à descendre les cent marches qui nous séparaient du centre de Birmandreis afin d'aller assister à la messe dominicale, lorsqu'un agent de la territoriale qui se trouvait près d'un parapet, nous faisait signe et, s'approchant de notre groupe, il nous disait : « vous allez où » ? Notre mère répondait : « à l'église ». Il rétorquait alors : « n'y allez surtout pas, des fidèles viennent de se faire attaquer, rentrez vite chez vous, dépêchez-vous, ne restez pas ici, c'est dangereux. Certains ont décidé de s'en prendre aux habitants de la cité » !

Effrayés par de tels propos, nous regagnions bien vite notre habitation et là, en regardant par la fenêtre de la loggia, nous remarquions sur une route enlacée qui menait à la Concorde, un long cordon de gens qui s'acheminait jusqu'à chez nous. Alors là, nous n'en pouvions plus, c'en était trop ! Aussi, sans en demander davantage, notre mère allait téléphoner chez notre voisine de palier, afin que notre père vienne nous chercher et, nous ramène rue Sadi Carnot, où là, le calme était parait-il revenu. Une fois, la rue Sadi Carnot réintégrée, notre mère et tante Marie, heureuses de retrouver leurs bonnes habitudes, bavardaient gaiement dans la cuisine où, elles préparaient un repas digne de ce nom, afin de satisfaire des appétits bien aiguisés !

Finalement, quoique nous fassions, où nous allions, nous étions sans cesse en danger, tant la ville était plongée dans le chaos et l'insécurité !

Le milk-bar, rue d'Isly à Alger

Ce jour-là, exceptionnellement, notre père avait passé son week-end parmi nous, profitant d'un rare moment de détente. Aussi, il proposait à ma sœur Michèle et moi, de nous emmener faire un petit tour dans les rues d'Alger. Ma mère pour une fois, était restée à la maison avec mon frère Dominique qui encore petit, faisait sa sieste. Mais, je ne sais pas pourquoi, ce samedi-là était un autre jour. Ainsi, lorsque notre père nous avait fait savoir qu'il comptait nous emmener déguster une glace au milk-bar, ma réaction avait été plus qu'imprévisible et surprenante ! Je répondais haut et fort afin que toute la rue m'entende : Non ! Ce dernier surpris par la réaction d'une enfant de neuf ans qui se montrait habituellement correcte, ne l'entendait pas ainsi !

Pensant qu'il s'agissait là d'un caprice, il nous entraînait malgré tout, vers la rue d'Isly où se trouvait cette cafétéria.

Mais, pour la première fois, je ne le voyais pas de cette manière-là et chose curieuse, je commençais à me donner en spectacle. J'éclatais en sanglots et à travers mes larmes, j'en étais arrivée en dernier recours, à lui dire : « si tu nous emmènes là-bas, je le dirai à Maman ». Interdit de voir une telle réaction, il se penchait vers moi et me demandait pourquoi je ne voulais pas y aller alors que d'habitude, je ne me faisais pas prier et montrais toujours de l'enthousiasme pour aller vers ces lieux. Je restais silencieuse quelques instants avant de lui répondre d'une voix basse : « parce que cela va sauter ». « Il va y avoir une bombe ».

Stupéfait, notre père n'insistait pas davantage et faisait rentrer à la maison, toute sa petite famille. Peu de temps après, malheureusement, cet établissement bondé explosait sous l'effet d'une bombe et les victimes étaient nombreuses.

Souvent, mon père n'en revenant pas encore, y faisait allusion à qui voulait bien l'entendre ! Ou alors, il l'évoquait avec moi en me disant « tu te rappelles » et terminait toujours ainsi, sa phrase : « on te doit une fière chandelle ».

Eh bien non, je ne crois pas que j'ai de pareils dons de voyance ou autres…. sinon je lui aurais demandé de faire prévenir tous les clients afin qu'ils évacuent le milk-bar et soient sains et saufs. Non, je pense tout simplement, que c'était l'histoire d'une petite fille qui en avait assez de cette guerre, de ces bombes qui faisaient tant de victimes innocentes. Et cela ternissait sa joie de vivre, son bonheur. Elle souhaitait retrouver à nouveau la vie merveilleuse qu'elle avait toujours connue et ne plus continuer ainsi, à vivre dans la crainte et l'angoisse de tous ces attentats.

L'ultime traversée, le départ d'Alger…

Notre départ ! Le 22 mars 1962, ma mère, ma sœur Michèle, mon frère Dominique et moi, nous nous retrouvions devant le port maritime d'Alger. La veille, nous avions dû boucler à la hâte quelques affaires dans une valise et le cœur serré, rempli d'amertume, nous disions au revoir à tante Marie qui, retenue par son travail, devait rester à Alger. Notre père, retenu par son travail, était contraint de rester à Tablat. Ce départ précipité était la cause d'évènements tragiques qui se multipliaient dans Alger, mettant notre vie en danger !

Ainsi, nos nuits blanches ne se comptaient même plus où nous étions réveillés par de violentes explosions qui ébranlaient tout notre immeuble, où des coups de feu s'entendaient de toutes parts, nous laissant en émoi. Nous avions à nouveau élu domicile dans la plus petite chambre, celle qui fermait à clef, où des lits de fortune ne nous permettaient pas de récupérer quelque peu !

Tout était sens dessus dessous et il faut reconnaître qu'à ce moment-là, notre vie n'avait plus de sens, tout était devenu infernal dans Alger. C'est pourquoi notre père nous avait tous déposés le lendemain, devant l'embarcadère afin que nous puissions quitter au plus vite cet enfer en essayant d'embarquer sur le premier navire venu !

Mais, arrivés sur place, nous constations avec dépit que les grilles étaient désespérément fermées. Tout était bloqué, on nous empêchait de partir. Nous restions donc là, silencieux, attendant sur le quai, pendant de longues heures, nos maigres bagages serrés contre nous. Une longue file de gens qui, comme nous, fuyaient Alger, s'étendait jusqu'à l'infini. Cette attente nous paraissait interminable.

Une chose était sûre, c'est que les voyageurs étaient beaucoup trop nombreux pour le seul paquebot qui attendait, que l'on nous donne l'autorisation d'embarquer ! Jusqu'au dernier moment, le suspense planait, nous ne savions même pas si, nous allions pouvoir monter à bord !

Soudain, je discernais, à travers cette foule de voyageurs, une certaine effervescence, mêlée à un brouhaha indescriptible. Certains s'interpellaient. Leurs voix résonnaient haut et fort, tous montraient des signes d'impatience.

Cette ambiance agitée provenait, oh, délivrance… des grilles de l'embarcadère qui venaient brusquement de s'ouvrir ! C'était la cohue. Chacun essayait coûte que coûte de se frayer un passage pour trouver une place à bord du navire avant qu'il ne soit plein. Il y avait tant de monde que finalement, c'était du surplace que l'on faisait !

Lorsque nous franchissions enfin la passerelle, c'était pour nous, un réel moment de soulagement ! Les passagers étaient déjà en surnombre et c'était loin d'être terminé…

Ne me demandez pas le nom du paquebot sur lequel nous embarquions. Il y avait tant de confusion que je ne pourrais dire si c'était le ville d'Alger, le ville d'Oran, le Kairouan…. Sans même nous en rendre compte, nous avions regagné nos cabines, afin d'y déposer à la hâte nos bagages. Puis, nous nous rendions sans perdre de temps, sur le pont du navire.

Mais là, plus rien n'allait maintenant ! Ce n'était plus un voyage d'agrément, c'était l'exode !

Ce départ-là avait quelque chose de particulier. À l'inverse des autres traversées faites dans la joie et la bonne humeur, ce jour-là, les voyageurs avaient l'air si tristes. L'ambiance était morose. Où était donc passée cette joie de vivre que nous connaissions tous, si chère à ce pays ! Décidément, plus rien n'était au rendez-vous !

Mille questions trottaient dans ma tête : pourquoi, tout à coup, toutes ces scènes de violence ? Pourquoi toutes ces atrocités ? Pourquoi un tel chaos dans Alger ?

J'en arrivais à la conclusion que ce n'était que passager, que ce n'était qu'un affreux cauchemar. Revenue pendant un court instant à une note plus optimiste, je laissais alors mon esprit vagabonder : « juste un petit tour en Métropole pour dire bonjour à notre famille et nous reviendrons très bientôt, plein d'entrain à l'idée de revoir « Alger la Blanche » à nouveau si paisible, où tout était redevenu comme avant » !

Soudain, je sursautais, j'étais tirée de ma rêverie, par le bruit assourdissant de la sirène du navire. Elle résonnait lugubrement, haut et fort. Des sons discordants s'en échappaient, comme sous le coup d'un choc trop violent. L'émotion qui s'était emparée de chacun d'entre nous était à son comble.

Ramenée à la dure réalité, je remarquais que la passerelle avait été retirée. Les passagers s'étaient tous rassemblés sur le pont, leurs mains, serraient fortement le bastingage comme pour se redonner du courage face à cette terrible épreuve. Certains essayaient de ravaler leurs larmes tout comme je m'appliquais à le faire. Je ne pouvais imaginer une seule seconde que tout allait s'arrêter ainsi.

Le navire imperturbable continuait sa route. La côte s'éloignait lentement, emportant avec elle, tous nos souvenirs.

Plus qu'à l'ordinaire, il semblait augmenter sa vitesse comme s'il voulait mettre un terme à ces adieux déchirants, à ce spectacle insoutenable. Des mouchoirs, des foulards s'agitaient tristement, sans grande conviction. Nul ne parlait. C'était un spectacle affligeant de désolation.

Comme à l'accoutumée, j'espérais entendre de joyeuses exclamations : « à bientôt, revenez vite, on vous attend… » ! Mais non, ces simples mots semblaient avoir été à jamais oubliés !

J'essayais de graver dans ma mémoire tous ces paysages enchanteurs, souhaitant emporter avec moi le maximum de ces joyaux inestimables.

Je contemplais pour la dernière fois, la côte qui s'éloignait lentement de nous, j'admirais les maisons blanches si chères à mes souvenirs.

Lorsque soudain, j'étais tirée de ma rêverie par un étrange bruit de moteur qui se faisait entendre. Et là, je n'en revenais pas ! Un hélicoptère faisait du surplace, juste au-dessus de nos têtes. Ainsi, pendant des heures, il tournoyait sans cesse, volant vraiment à très basse altitude, en faisant un vacarme épouvantable.

L'atmosphère qui régnait alors à bord du navire devenait encore plus insupportable. Ce va-et-vient, le ronronnement incessant de cet oiseau géant épuisait nos nerfs déjà soumis à rude épreuve.

Sa présence n'était pas faite pour nous rassurer, bien au contraire, cela ne faisait qu'attiser nos craintes, puisqu'une nouvelle venait troubler la monotonie d'un voyage déjà bien pénible. Des bruits affolants circulaient : « il y avait une bombe à bord ». D'autres parlaient aussi, de la sécurité qui veillait à ce que tout se passe bien sur un bateau surchargé de passagers.

Puis soudain, sans crier gare, l'hélicoptère après un virage majestueux en guise d'au revoir, s'éloignait dans le ciel bleu azur, disparaissant discrètement, pour ne jamais revenir. Cela avait apaisé quelque peu nos craintes d'un éventuel attentat.

Alors, sans entrain, nous passions du salon, à nos cabines, sans profiter de ces instants précieux qui habituellement étaient pour nous magiques.

L'esprit ailleurs, nous arpentions de long en large le pont promenade, le pont couvert... Pour nous, ce n'était pas un moment de détente, nous ne flânions pas comme d'habitude. Mais, plongés dans de sombres pensées, nous passions de la révolte au découragement le plus total.

Ainsi, sans grand enthousiasme, nous franchissions le seuil de la salle à manger, ne jetant pour une fois, pas le moindre regard ébloui au décorum, au faste, au luxe qui d'habitude, nous émerveillait. Nous grignotions machinalement tous ces mets qui nous étaient servis, n'y prêtant, là encore, aucune attention. Pourtant, habituellement, nous aimions tant savourer tous ces plats dont la seule vue, nous mettaient en joie.

Jetant un regard distrait autour de moi, j'observais les voyageurs attablés ; l'esprit ailleurs, ils s'efforçaient comme nous, d'avaler quelque nourriture. Leurs visages étaient sombres, leurs mines défaites. Un silence religieux s'était établi dans cette grande salle d'habitude si pleine de vie. Bientôt, cette atmosphère pesante s'était répandue comme une traînée de poudre à travers tout le navire !

L'ambiance n'était plus au rendez-vous, il régnait une telle tristesse, une telle morosité que nous n'avions plus qu'une idée, c'était celle d'en finir avec ce dîner et d'aller nous coucher afin d'essayer d'oublier ce spectacle de désolation. La fatigue, l'angoisse du lendemain se faisait ressentir chez chacun d'entre nous.

Même les jeux organisés par le Commandant de bord et son équipage, le bal, qui d'habitude remportaient un vif succès, le cinéma, toutes ces distractions, toutes ces mondanités n'étaient plus au rendez-vous. Tout avait été annulé, bien évidemment ! Nous n'aurions pas eu le cœur à nous prêter à toutes ces réjouissances. Cela n'avait plus aucun intérêt pour nous. Tout ce que je sais, c'est que cette sinistre traversée, nul ne pouvait nous l'envier ! J'en étais arrivée à la détester.

C'est vrai, personne n'avait souhaité ce voyage, on nous l'avait carrément imposé !

Et pourtant, avant, Dieu sait si j'attendais avec impatience cette croisière que j'appréciais tant. Mais pas dans de telles conditions, surtout pas dans de telles circonstances, encore moins dans ces moments aussi pathétiques. Ce voyage, d'habitude de rêve, était devenu un horrible cauchemar !

À la nuit tombante, des transats, des matelas, des lits de fortune surgissaient de partout, amoncelés sur les ponts, encombrant le moindre recoin. Des voyageurs, lourdement chargés, déambulaient dans les coursives, encore à la recherche d'une cabine qui se libèrerait. D'autres passagers étaient obligés de voyager dans la cale. C'était un triste spectacle qui s'offrait à nos yeux !

Maintenant, nous nous dirigions vers nos cabines, marchant machinalement, pareils à des automates. Nous ne savions plus où nous en étions, tant ce voyage avait été précipité ! Nous croisions des gens sans les voir, sursautant même à leur approche. Enfin, exténués, nous nous jetions exceptionnellement tout habillés sur nos couchettes, espérant trouver un peu de repos et oublier ne serait-ce que quelques heures, ces terribles épreuves.

Mais, notre nuit était courte et agitée. Le spectacle de la veille, mais aussi, la peur du lendemain, venaient troubler notre sommeil.

Le lendemain matin, nous nous levions de très bonne heure, les yeux embrumés de fatigue. Ne trouvant pas refuge dans le sommeil, des voyageurs qui pour la plupart avaient passé une nuit blanche, s'étaient maintenant, regroupés sur le pont. Ils semblaient épuisés ; beaucoup avaient passé une partie de la nuit, sur le pont, dans les coursives essayant de trouver une solution à un avenir bien incertain.

Soudain, une agitation à bord du paquebot se faisait encore ressentir. La raison en était les reliefs d'une terre encore lointaine qui se profilait à l'horizon. Nous commencions à distinguer à travers une sorte de brume opaque, les contours flous de la ville de Marseille. Désormais, nous ne voguions non plus en solitaire, sur les eaux profondes de la Méditerranée puisque, le navire faisait lentement son entrée dans le port de Marseille.

Ensuite, tout s'était passé très rapidement sans que l'on ne s'en aperçoive vraiment. Plongés dans un brouhaha indescriptible, nous n'avions même pas remarqué que le bateau avait déjà accosté et attendait, sagement amarré le long du quai.

Les voyageurs semblaient avoir retrouvé un regain d'énergie. Comme à leur habitude, ils s'interpellaient haut et fort, s'agitaient bruyamment en rassemblant leurs bagages. La plupart montraient des signes d'impatience, jusqu'à ce que leur petite famille soit enfin rassemblée autour d'eux, leurs bagages à la main.

La passerelle venait d'être déployée, annonçant la fin de cette traversée mouvementée, alors, toute cette agitation faisait place à un silence pesant et impressionnant qui s'installait à nouveau à bord du paquebot. Désormais, chacun savait que ce voyage était sans doute le dernier, aussi, tout n'était plus que murmure et chuchotement !

Pour la première fois depuis que nous voyagions, nous avions oublié de rassembler nos affaires. Alors, dans un désordre indescriptible, nous nous précipitions vers nos cabines, bouclant à la hâte, nos valises.

Où était donc passé le temps où nos bagages étaient soigneusement rangés et prêts bien à l'avance. Cela nous donnait le loisir de profiter de spectacles inoubliables comme : l'approche lente de la côte à l'infini, l'entrée majestueuse du navire dans le port, les manœuvres du paquebot…

Enfin prêts, nous jetions alors, un dernier regard circulaire en direction des coursives, du salon, de la salle à manger... Nous nous attardions aussi vers l'escalier d'honneur. Sachant que c'était sans doute notre dernière traversée, nous essayons d'emmagasiner dans notre mémoire, la vue de tout l'intérieur de ce navire qui nous avait tant fait rêver, souhaitant emporter tous ces souvenirs qui nous étaient si familiers.

Je pensais alors que cette traversée-là était devenue unique. Elle était le témoin d'évènements tragiques qui se déroulaient sous nos yeux et j'en arrivais à la conclusion suivante : pour la plupart d'entre nous, « c'était un voyage sans espoir de retour, c'était l'exode » !

Tout cela avait quelque chose de particulièrement poignant, à tel point que l'on n'avait plus qu'une idée : celle de quitter ce maudit paquebot et de rompre une bonne fois pour toutes, avec tous les liens qui nous rattachaient encore à Alger la Blanche.

Mais, bientôt, par la force des choses, chacun retrouvait un semblant d'énergie. Alors s'armant de patience, les voyageurs entamaient désormais, un long périple derrière une file d'attente interminable.

Une fois la passerelle péniblement franchie, nous nous retrouvions bientôt abandonnés à notre triste sort sur le quai, perdus au milieu d'une marée humaine qui surgissait de partout.

Je me retournais une dernière fois vers ce paquebot auquel j'avais été habituée par de nombreux voyages et que je ne reverrai plus désormais. J'admirais une dernière fois ce géant des mers, à l'allure si fière et imposante qui m'avait tant fait rêver.

Alors, le cœur serré, la gorge nouée par l'émotion, je disais adieu à mon fidèle compagnon. À celui qui m'avait fait partager tant de croisières de rêve, à celui qui m'avait offert des paysages paradisiaques, à celui qui m'avait fait prendre goût à l'aventure et, qui avait fait de moi, l'enfant espiègle et insouciante que j'étais.

Notre voyage en train : destination finale !

Notre traversée n'était déjà plus qu'une page tournée. Maintenant, nous parcourions les rues de Marseille, plus précisément le quartier de la Canebière, afin de trouver un petit hôtel, où nous devions passer la nuit avant de reprendre très tôt, le train en direction de Paris.

Le soleil de Marseille avait beau briller de mille feux, dans un ciel aussi limpide que celui d'Alger, il ne nous réchauffait pas pour autant le cœur.

Il faut dire qu'en arrivant à Marseille, nous n'espérions pas passer une bonne nuit, puisque nous avions pour habitude, comme les fois précédentes, d'être tirés de notre sommeil, par des coups de feu qui se propageaient dans tout le quartier. Ainsi, après une nuit mouvementée où nous étions encore une fois, réveillés par des tirs, nous nous retrouvions le lendemain matin en gare Saint Charles, en petite forme, essayant de retrouver le numéro des places qui nous étaient réservées. Bientôt, installés dans un compartiment où régnait une chaleur étouffante, nous restions là, perdus dans nos pensées, sans mots dire. De temps en temps, épuisés par la fatigue, nous somnolions jusqu'à ce qu'un crissement de freins ne vienne à nous réveiller en sursaut. Nous ne savions plus où nous étions. Mais très vite, un haut-parleur nous ramenait à la réalité. Il résonnait et annonçait haut et fort, un court arrêt de quelques minutes dans une gare d'une ville inconnue.

Alors, en nage, afin de nous débarrasser de cette torpeur qui nous avait envahis et pour nous aérer quelque peu, nous essayions de nous frayer un passage dans un couloir bondé, encombré par endroits de bagages à n'en plus finir, déposés à même le sol.

Enfin, accoudés aux fenêtres du wagon, j'observais le manège incessant des voyageurs qui montaient et descendaient, certains pressant le pas. Parfois, j'apercevais des visages, des silhouettes qui ne m'étaient pas inconnues, puisque je les avais déjà croisés pendant notre traversée mouvementée.

Mais, un coup de sifflet strident, nous rappelait qu'il allait falloir continuer cet interminable voyage, puisqu'une longue distance nous séparait encore de Paris ; tout cela nous promettait de nombreuses heures de voyage harassantes. Alors, j'essayais de m'évader un peu de tous ces tracas, par la pensée. Je m'imaginais flânant dans les rues d'Alger, caressée par une douce brise marine qui nous rafraîchissait, un créponné à la main, savourant lentement cette délicieuse glace au citron faite d'une mousse fondante et onctueuse à souhait.

Revenue à la réalité, j'observais les voyageurs, et constatais que nul n'avait le cœur à engager la conversation, Tous préféraient rester silencieux. L'ambiance qui régnait, était des plus morose. Pour la première fois de ma vie, je sombrais dans la mélancolie et me laissait envahir par un certain découragement. Je pensais à tout ce que j'avais laissé là-bas. Tout me manquait.

C'était pour moi la consternation mais aussi, l'inquiétude du lendemain. Nous avions quitté si vite Alger, sans prévenir, emportant avec nous qu'une maigre valise. Quelle existence allions-nous mener, quel allait être notre avenir ? Que de soucis, en si peu de temps ! Cette vie qui bascule tout à coup, brutalement, sans crier gare, sans nous donner le temps de nous y préparer. C'était vraiment quelque chose d'insupportable.

Aussi, après tant d'heures passées à bord de ce train, écrasés par la fatigue, par cette chaleur toujours aussi écrasante, nous avions le moral au plus bas. Je repensais à la traversée que nous avions faite, tellement riche en émotion, et, rien que le fait de me remémorer les adieux déchirants des passagers, tout cela me faisait monter les larmes aux yeux.

Soudain, une agitation faisait place au silence pesant qui nous avait accompagné pendant ce trajet interminable.

Je discernais une certaine effervescence dans le long couloir de notre wagon, les gens commençaient à rassembler leurs bagages, réunissant autour d'eux leurs valises, faisant des aller et retour dans leur compartiment afin de voir s'ils n'avaient rien oublié. Puis, ils essayaient tant bien que mal de se frayer un chemin en prévision d'une sortie bien encombrée. Là encore, le train était tellement bondé, qu'une fois de plus, chacun faisait du surplace.

La fin de ce voyage approchait. Le train ralentissait, crissait de tous ses essieux, il ondulait, se contorsionnait, semblable à une énorme chenille.

Par la fenêtre, j'observais le paysage. De hauts murs gris, de sombres bâtisses défilaient sous mes yeux. Un poste d'aiguillage semblait cerné par un enchevêtrement de rails pas possible, ressemblant à une mer métallique. Le train oscillait sur un parcours semé d'embûches. Tout cela laissait présager que nous approchions de la gare, que nous allions bientôt atteindre la capitale.

Je levais les yeux vers un ciel plombé, bas et bien gris. Mais où était donc passé ce ciel d'azur d'Alger la Blanche ? Une petite pluie fine mais tenace était là pour nous accueillir !

Tout cela ne faisait qu'accentuer mon désarroi. Je me sentais tout à coup étrangère à cette ville qui ne m'était pourtant pas inconnue.

Nous venions enfin d'entrer en gare. C'était le terminus. Paris était là. Une fois nos affaires rassemblées à la hâte, et nos bagages en mains, nous nous retrouvions enfin sur le quai de la gare.

Le soir était déjà tombé mais notre périple n'était pas encore terminé puisque nous devions rejoindre tout d'abord le petit hôtel de tourisme qui se trouvait en retrait de la nationale 7 de Juvisy/Orge dans la banlieue sud de Paris, établissement qui fort heureusement, venait de nous dire qu'une grande chambre nous était réservée à la suite d'un désistement. C'est vrai qu'à nos vacances d'été, nous étions des habitués de cet hôtel confortable, surtout très propre et aux tarifs abordables. Ma mère était quelque peu rassurée, elle avait trouvé provisoirement un toit pour sa petite famille.

Sortis de la gare, Paris nous paraissait encore plus sombre avec ses chaussées détrempées, ses immeubles noircis par le temps. Nos valises semblaient encore plus lourdes sous l'emprise de la fatigue. Nous étions perdus dans cette grande ville, cherchant désespérément la station de métro la plus proche qui nous mènerait vers les trains de banlieue.

Notre mère s'arrêtait alors devant un kiosque à journaux afin de demander son chemin. L'accueil qui nous était réservé était glacial ! La vendeuse nous dévisageait, nous détaillant des pieds à la tête comme si nous venions d'une autre planète. Elle nous toisait du regard, sans daigner nous répondre.

Ma mère reformulait donc, sa question et alors, cette femme que nous ne connaissions pas, qui ne nous connaissait pas, le visage désapprobateur, sans un sourire d'encouragement à l'égard de voyageurs exténués et lourdement chargés que nous étions, se mettait à parler très fort, disant d'un ton hargneux, en pointant son doigt dans une direction, « c'est par là ».

Puis, elle nous congédiait sans ménagement, nous demandant de circuler, prétextant « que nous gênions » ! Eh bien, quel accueil ! Toutefois, on pouvait penser que son comportement n'était qu'une exception et que la France allait bien accueillir ses compatriotes et les soutenir en ces moments difficiles. Nous reprenions donc, notre chemin, interdits par un tel accueil qui n'avait pas lieu d'être.

Malgré tout, cet incident nous avait quelque peu troublés, et nous n'avions pas besoin de cela pour remonter notre moral qui était au plus bas. Plongés dans cette ville triste et terne, nos vêtements détrempés, le ciel plombé de nuages gris qui n'en finissaient pas d'assombrir la ville, nous marchions pesamment. Une fine pluie incessante avait décidé de gâcher encore plus cette affreuse journée. J'observais les scènes de rue, des passants marchaient rapidement sans jeter un coup d'œil à leurs voisins.

Je pensais à Paris, cette capitale que je connaissais pourtant, eh bien, pour la première fois, je la voyais différemment cette fois.

Une pensée affolante m'effleurait quelques instants : « et si j'allais devenir comme eux à force de vivre à leur côté » ?

Mais, bientôt, cette morne et triste journée se terminait enfin. Après une demi-heure passée dans un vieux train de banlieue poussiéreux, nous entrions en gare de Juvisy/Orge. C'était pour nous l'issue de cet interminable et pénible voyage.

Et là, tout près d'une Nationale, mais toutefois en retrait et au calme, nous nous retrouvions dans un hôtel de tourisme : simple, sans fioritures mais très propre et confortable. Là, une vaste chambre nous était réservée. Elle sentait bon l'encaustique et des draps raidis par l'amidon, d'un blanc immaculé, nous attendaient pour un repos bien mérité.

Cet hôtel ne faisait pas restaurant, aussi, revigorés par une douche, qui nous avait enfin débarrassés de la poussière d'un aussi long voyage, nous partions en quête de quelque nourriture afin de satisfaire des appétits bien aiguisés. Ce n'était pas les maigres et insipides sandwichs et quelques biscuits qui avaient pu nous rassasier.

Fort heureusement, la chance était avec nous puisqu'à deux pas de l'hôtel, en bordure de la Nationale 7, nous avions trouvé une brasserie qui proposait : un plat unique et un dessert. Pour la première fois, depuis notre départ d'Alger, nous pouvions enfin apprécier un repas préparé avec soin et servi dans une salle de restaurant agréable.

Enfin rassasiés et la fatigue se faisant ressentir, nous regagnions sans nous faire prier notre chambre et à peine couchés, nous sombrions dans un sommeil profond et réparateur sans faire le moindre cauchemar comme nous le craignions, après cette journée bien mouvementée.

Le lendemain matin, nous nous réveillions avec la mine plus fraîche et reposée que la veille. Tout cela était plus que nécessaire après le chaos que nous avions connu à Alger où nos nuits blanches ne se comptaient même plus.

Ainsi, nous commencions à retrouver une vie si paisible et tellement inhabituelle, que nous avions totalement oublié que cela pouvait encore exister !

L'hommage aux victimes de cette terrible guerre !

À peine rentrés en France, de multiples hommages étaient rendus dans toutes les villes de France, par les rapatriés d'Algérie.

Ainsi à Paris, en l'église de la Madeleine, une cérémonie était organisée en mémoire des disparus, des victimes de cette guerre. Pour la circonstance, nous avions donc accompagné notre mère, afin d'assister à cette messe.

En pénétrant dans une basilique déjà bondée, je retenais mon souffle tant l'émotion était forte. J'avais la gorge nouée. Nous marchions lentement derrière de nombreux fidèles, tentant désespérément de nous frayer un chemin jusqu'à l'autel. Mais, nous ne pouvions l'atteindre, tant la foule qui s'était amassée était déjà nombreuse.

J'apercevais au premier rang, serrés côte à côte, un nombre considérable de fauteuils roulants. Déjà ce spectacle insoutenable de jeunes, de moins jeunes me bouleversait. Ils avaient l'air dignes et ne semblaient pas souhaiter que l'on s'apitoie sur leur sort. C'était une belle leçon de morale qu'ils nous donnaient : mutilés, ils montraient combien cette guerre avait pu faire de ravages. Malgré tout, ils avaient tout de même le courage de venir rendre hommage à tous nos disparus, à tous ceux qui avaient perdu la vie. C'étaient les victimes de toutes ces atrocités.

Je les voyais pour la première fois et humblement, je baissais les yeux. Quelque part, je me sentais coupable, d'être là bien présente dans ce lieu de prière, et en bonne santé.

Aussi, révoltée par tant d'injustice qui avait frappé ces innocents, l'indignation montait en moi. Pourquoi eux, pourquoi leur avoir fait connaître ces pires moments, pourquoi cette barbarie ? Sous l'effet de ces bombes impitoyables déposées par le FLN, leur vie avait basculé à tout jamais et leur avenir était bien compromis. Quel calvaire cela avait dû être pour eux et leur entourage. Quelle honte, quel affreux gâchis !

Mais bientôt, j'étais interrompue dans mes sombres pensées par la cérémonie qui venait de commencer. Les orgues résonnaient dans toute l'église, rompant le silence de recueillement qui s'était installé. Des airs déchirants, des sons pathétiques, fusaient de toutes parts, faisant chavirer le cœur de l'assemblée ainsi réunie, déjà en proie à une émotion intense. Ces mélodies, cette atmosphère pesante, tout cela ne faisait qu'augmenter notre tristesse et ravivait en même temps la nostalgie d'un pays à jamais perdu.

Un groupe de personnes s'était rassemblé près de l'autel, dominant ainsi tous les fidèles. Je pensais : « c'est sans doute des personnalités qui sont venues rendre un hommage à toutes les victimes de ce terrible carnage ».

Je me sentais bien impuissante face à la détresse de tous ces compatriotes. Alors, bouleversée par tant de scènes déchirantes, je laissais couler mes larmes que jusqu'à présent, j'avais réussi à retenir.

C'était aussi pour moi, une façon de rendre un dernier hommage à tous nos chers disparus, à toute cette assemblée, encore sous le choc des atrocités de la guerre, à tous ces invalides à l'air si pathétiques.

Je n'en pouvais plus, je ne savais plus où poser mon regard : aux premiers rangs, tous ces handicapés, près de l'autel, cet homme inconsolable qui sanglotait et tout autour de moi, des rapatriés au cœur meurtri qui furtivement, essuyaient leurs larmes. C'était un spectacle insoutenable !

La cérémonie venait à prendre fin. Nous nous dirigions vers la sortie, tentant de nous frayer un chemin derrière des centaines de fidèles. Nous avancions lentement derrière une longue file de gens plongés dans un morne silence, les yeux rougis, l'air grave.

Le parvis de l'église enfin atteint, nous pouvions respirer un peu d'air frais. Cela faisait du bien et nous nous sentions quelque peu ragaillardis, après une telle attente, dans une église bondée où la chaleur était devenue suffocante tant nous étions nombreux. Nous étions las, après une longue séance « debout » durant toute la cérémonie, aussi, nous n'avions qu'une hâte, c'était de rejoindre notre « banlieue d'adoption » afin d'y prendre quelque repos.

L'esprit embrumé par une émotion intense, nous descendions les marches de l'église, sans entrain, plongés dans de sombres pensées, encore hantés par les images impressionnantes de cette cérémonie. Toutefois, arrivés à mi-chemin, nous étions tirés de nos rêveries par un scénario incroyable.

Nous découvrions avec surprise et un étonnement non dissimulé, que des automitrailleuses, des CRS, dissimulés dans les moindres recoins, se trouvaient en bas des marches de l'édifice. Impressionnée par tant de déploiement, je m'arrêtais et les observais. Et là, je n'en croyais pas mes yeux, ils étaient armés d'une mitraillette ! Naturellement, cela ravivait en moi de poignants souvenirs, qui me faisaient penser au C.R.S. qui avait tiré, sans scrupule, sur l'enfant que j'étais.

J'en avais la chair de poule, la ressemblance entre ces C.R.S. et ceux de la rue Sadi Carnot était frappante. Rien ne les distinguait les uns des autres. Ce retour dans le passé me faisait peur. Et s'ils allaient recommencer ! Et s'ils allaient tirer dans la foule ?

Alors, malgré notre fatigue, d'un commun accord, sans nous consulter, nous dévalions les marches et nous précipitions vers la première sortie, sans demander notre reste.

Toutefois, je restais songeuse, je me demandais bien pourquoi tout ce déploiement avait eu lieu, juste le jour de cette commémoration. Je pensais que c'était sans doute, pour éviter tout débordement, toute manifestation ! Mais tout de même, c'était un peu trop, en arriver à cela !

Voilà, cette histoire c'était la mienne, celle d'une petite fille au tablier rouge qui n'avait pas pu oublier les tirs d'un CRS sur le balcon de la rue Sadi Carnot à Alger.

Le putsch d'Alger

En ce début de week-end, ce samedi-là, une douce brise me tirait de mon sommeil et des clameurs parvenaient jusqu'à moi. Alger ne s'était même pas encore réveillé et pourtant j'apercevais la silhouette de ma mère et de tante Marie qui se trouvaient sur le balcon de la rue Sadi Carnot. Interdite de les voir levées si tôt, je les rejoignais et leur demandais ce qui se passait. Elles me répondaient : « c'est un putsch, c'est un coup d'État, ils vont tous au Forum » ! Je jetais un coup d'œil sur la rue Sadi Carnot et là je comprenais. Une marée humaine s'étendait jusqu'au Champs de Manoeuvres et bien au-delà ! La rue était noire de monde et une clameur grandissante parvenait jusqu'à nous. Tous marchaient d'un bon pas heureux de se retrouver, tout en discutant joyeusement. Cela faisait drôle de les voir passer ainsi, sous nos fenêtres. C'était impressionnant !

Après un tel spectacle, la rue était à nouveau déserte. Aussi, en raison d'une heure bien matinale, à laquelle nous avions été réveillés, il ne nous restait plus qu'à aller nous recoucher en attendant d'aller aux nouvelles, le lendemain.

Vers les huit heures du marin, une délicate odeur de café venait doucement nous chatouiller les narines. Le petit déjeuner était prêt. Je rejoignais alors ma famille qui écoutait déjà les nouvelles, tous rassemblés autour d'un gros poste de TSF. Là, les informations tombaient très vite. Les commentateurs ne cessaient d'apporter des précisions sur des évènements sans précédent.

Il faut dire que tout cela ne nous empêchait pas de nous rendre au marché Clauzel afin de préparer le repas dominical. Aujourd'hui, nos deux cuisinières attitrées, notre mère et tante Marie, avaient la lourde tâche de prévoir un menu digne de ce nom. Bien évidemment, elles se rendaient directement chez leur boucher attitré afin d'acheter une épaule d'agneau qui accompagnerait un délicieux gratin de pommes de terre. Puis, elles faisaient une queue interminable derrière les clients de « chez Beaumont, tout est bon » où là, elles prenaient de croustillants pâtés à la soubressade. Elles n'oubliaient pas non plus, de faire une petite provision de fruits : nèfles, bananes, melon, abricots, figues…qui allaient bien vite remplir notre couffin… Juste un petit détour du côté de la boulangerie située près des mozabites afin de ne pas oublier : une fougasse moelleuse à souhait et des croûtes de vol-au-vent qu'elle comptaient nous mijoter le soir.

Ainsi, le cabassette bien remplie, nous regagnions notre domicile, avides d'entendre les dernières nouvelles du putsch d'Alger.

On apprenait ainsi que des messages codés allaient être diffusés par l'OAS sur les ondes ! Aussi, lorsqu'on allumait le poste de radio, c'était souvent pour entendre ces drôles de messages, pour lesquels nous devions « donner notre langue au chat », puisque nous ne parvenions pas à trouver la vraie signification de ces sortes de « charades ».

Je me rappelle aussi, qu'à l'occasion de ce putsch, toutes les rues d'Alger étaient pavoisées. Ainsi, on peut voir sur les photos que j'ai jointes à ce texte, les façades des immeubles qui surplombaient les escaliers Gouvernement Général, totalement envahis par les drapeaux !

Bien sûr, nous aussi, enfants, nous voulions pavoiser sur le balcon de notre immeuble alors, nous accompagnions bien volontiers notre mère au marché Clauzel, afin qu'elle choisisse les tissus qu'elle allait employer pour la confection d'un drapeau. Après avoir fait la queue à l'étal de mercerie où l'on trouvait en général tout ce que l'on voulait, notre mère repartait avec trois morceaux de tissu en nylon qu'elle allait devoir assembler à l'aide de la machine à coudre à pédales Singer de grand-mère Jeanne. Une fois ce chef-d'œuvre terminé, nous nous dépêchions d'aller vite l'accrocher sur le balcon de la rue Sadi Carnot. Il faut dire que les badauds qui passaient par là, n'en revenaient pas, de voir ce drapeau qui se balançait doucement au gré du vent. C'est vrai qu'il était impressionnant de par sa taille !

Il faut dire que pour le putsch d'Alger, pour cet évènement-là, je n'ai gardé que peu de souvenirs d'une période où tout était confus mais aussi, en raison des évènements qui se succédaient beaucoup trop vite !

Là, c'est une belle photo de la vue d'Alger. Ce sont les escaliers qui accèdent au Forum ou Gouvernement Général. Tout était pavoisé !

Le putsch d'Alger. On aperçoit en contrebas les immeubles du Gouvernement Général.

Là, c'est une photo du monument aux morts pendant le putsch d'Alger

Une nouvelle vie commençait ! « Les Rossays »

Ce jour-là, notre mère était d'humeur encore plus joyeuse qu'à l'ordinaire. Elle avait réservé à ses trois enfants une belle surprise qu'elle s'était efforcée de dissimuler, depuis le message que la gérante de l'hôtel lui avait remis, l'informant de la mise à la disposition d'un logement à Savigny/Orge.

Cette nouvelle tombait merveilleusement bien étant donné, qu'à part l'hôtel, qui n'était qu'une solution transitoire, elle ne savait pas où aller puisqu'elle n'avait aucun point de chute en France. Aussi, le pire était effacé, comme quoi, sans domicile, elle n'aurait pas pu garder ses trois enfants avec elle et cela aurait été un réel déchirement.

Enfin, notre mère était rassurée, elle avait désormais un toit pour sa petite famille. Quel bonheur ! Plus de soucis à se faire ! Elle avait tant hâte de voir à quoi ressemblait ce nouveau logement ! Il est vrai qu'à part l'appartement de la rue Sadi Carnot à Alger qu'elle avait partagé avec tante Marie, elle n'avait jamais connu d'autre habitation à l'exception de la cité la Concorde à Birmandreis qui était restée inoccupée en raison des évènements graves qui affectaient cette cité.

Pour cette phénoménale surprise, notre mère avait même commandé un taxi qui allait nous mener à notre but final, celui d'une petite ville bien tranquille installée dans la banlieue Sud de Paris, (d'environ trente mille habitants) où là, un logement H.LM nous attendait...

À travers les vitres du taxi, nous découvrions ainsi « notre banlieue d'adoption : Savigny/Orge ». Notre appartement était situé rue des Rossays, tout près de la gare et des commerces.

Lorsque nous visitions pour la première fois ce bien, c'était pour nous un moment de joie et de soulagement. Béton, cage à lapins, logement social, H.L.M ou pas, il était devenu notre refuge, nous avions un toit pour nous abriter. Nous avions tous conscience de la chance incroyable d'avoir cet appartement. Aussi, nous le découvrions avec bonheur ! Tout était neuf (la construction de cet immeuble s'étant terminée depuis peu). Il se composait d'un séjour-double et de trois chambres, toutes moquettées d'un revêtement gris anthracite. Bien évidemment, nous ne manquions pas de nous amuser maintes fois, avec un passe-plat bien mis en évidence sur le mur de communication entre la cuisine et la salle à manger, ce qui permettait d'apporter les mets plus rapidement et de gagner du temps.

L'appartement avait deux orientations différentes : une qui donnait sur la rue des Rossays et l'autre, sur les parkings de la résidence et sur une petite école maternelle. Dans une des pièces, une porte-fenêtre permettait d'accéder à une loggia (côté parkings), une autre loggia s'ouvrait aussi sur la rue des Rossays. Dans les autres pièces, de grandes baies coulissantes terminaient le tout.

J'avais une pensée émue pour certains de nos compatriotes qui se trouvaient dans une situation bien embarrassante, puisqu'ils étaient soit hébergés, soit à l'hôtel, soit dans un foyer, ou encore pire... Comme c'était dur à vivre, surtout après ce qu'ils avaient enduré.

Dans cette résidence, deux imposants immeubles de douze étages se faisaient face à grande distance. Ils étaient composés de cinq cages d'escalier. Par côté, une tour s'élevait perpendiculairement aux deux bâtiments et terminait l'ensemble.

Je découvrais avec surprise, une majestueuse villa noyée dans un nid de verdure. Elle était blottie entre ces deux bâtiments et paraissait minuscule à leurs côtés. Cette demeure à l'architecture bourgeoise était la maison d'un artiste peintre. Elle contrastait singulièrement, avec ces immeubles modernes, aux façades garnies de rangées de fenêtres et de loggias à n'en plus finir.

Je dois avouer qu'au premier abord, la vue de ces grands ensembles m'avait quelque peu déçue. Cela semblait si froid, si impersonnel. En levant la tête, curieusement, j'avais l'impression de voir une multitude de cases vitrées qui s'alignaient les unes à côté des autres. Vues d'en bas, je m'amusais à les comparer à des logements de lilliputiens ou à des cages à lapins.

Encore, un prétexte pour retourner dans mon passé et évoquer pour la énième fois, « Alger la Blanche » !

C'est vrai, cela n'avait rien de comparable avec notre immeuble de la rue Sadi Carnot qui à contrario, comportait peu d'étages et il faut reconnaître que, bien qu'ancien, il avait su garder une certaine noblesse. Ses pierres vieillies par le temps, à l'architecture savamment sculptée, ses longs balcons aux rambardes ciselées lui donnaient un charme incontestable.

Mais inutile de rêvasser ; puisque là était le principal : nous avions enfin un toit ! Ainsi, désormais, nous nous retrouvions au chœur d'une petite ville bien calme. Nous avions la chance que notre immeuble soit situé tout proche de la gare, des écoles, des commerçants, mais aussi du marché. Que demander de plus ?

Notre visite aux Rossays se déroulait formidablement bien, et pourtant une ombre au tableau subsistait encore. Ce logement était vide et notre père n'étant pas revenu en France, le mobilier de nos parents était resté entassé à la cité la Concorde à Birmandreis, sans qu'un déménagement ne soit prévu pour le moment.

Quant à notre mère, elle restait émerveillée à la vue de ce lieu spacieux, confortable et si bien situé ! C'était donc avec joie qu'elle s'apprêtait à devenir la maîtresse de maison de ces lieux, rôle qu'elle prenait très au sérieux, d'autant qu'elle allait devoir s'occuper de quelque mobilier nécessaire pour pouvoir l'habiter en attendant des jours meilleurs ?

Aussi, le lendemain, nous l'accompagnions au Bazar de l'Hôtel de Ville à Paris, afin de profiter des bonnes affaires qui allaient peut-être nous permettre de meubler sommairement ce logement.

À peine arrivés au BHV, nous étions accueillis par un vendeur qui nous dispensait de judicieux conseils, montrant un choix d'articles de qualité à des prix défiants toute concurrence. Aussi, notre mère passait tout de suite commande de literie pour chacun d'entre nous, d'une table pliante de camping en métal bleu, qui allait nous permettre de prendre nos repas, elle n'oubliait pas quatre chaises empilables. Elle s'offrait aussi, sa première gazinière avec four Arthur Martin. Enfin, elle restait conquise par un balai-brosse Bissell qui nettoyait les moquettes, choisissait également une grande armoire en plastique souple bleue à fermeture éclair qui allait nous permettre de ranger nos vêtements, un petit buffet de cuisine, quelque vaisselle et quelques ustensiles de cuisine. Voilà, tous ces achats énumérés ci-dessus, étaient le reflet exact du mobilier que nous avions eu aux Rossays en mars 1962 !

Une fois installés aux Rossays, nous débutions une vie très agréable avec des voisins charmants et un très bon environnement. Souvent, ma sœur et moi, avions pris pour habitude d'aider notre mère en nous rendant à la petite épicerie située à même pas cinq minutes à pied de notre immeuble, ceci, afin de la décharger d'une tâche ménagère. Finalement, ce petit magasin nous était devenu « attitré », tant nous trouvions l'ambiance agréable et, nous étions heureuses de pouvoir rapporter à la maison, des fruits et des légumes de toute beauté qui rivalisaient avec ceux du marché Clauzel à Alger.

Nous achetions tout ce dont notre mère avait besoin, dans ce petit commerce, inutile d'aller chercher ailleurs, nous y trouvions tout. Ce magasin était tenu par un couple qui tenait avant tout, à ce que les produits soient de bonne qualité et frais. On y trouvait charcuterie à la coupe, pain, légumes et fruits... et bien sûr, tout ce qui était nécessaire à la confection d'une bonne cuisine familiale qui allait bien vite remplir notre couffin.

Aussi, pour faire plaisir à trois enfants qui, depuis leur départ d'Alger, avaient eu une conduite exemplaire, notre mère nous servait des petits plats bien de chez nous, que nous savions tant apprécier (cocas, gratin d'aubergines, épaules d'agneau, couscous…).

Et ainsi, notre vie se déroulait merveilleusement bien à tel point que nous commencions à reprendre confiance en l'avenir.

Depuis que nous avions cette nouvelle habitation, je laissais mon esprit vagabonder, pensant qu'ici, désormais, nous n'allions plus avoir le loisir, après le dîner (comme rue Sadi Carnot), de nous accorder quelques instants de détente, en prolongeant la soirée, tout en prenant le frais sur le balcon « côté port », plongeant de temps en temps un regard admiratif vers un ciel bleu profond enluminé d'une multitude de guirlandes d'étoiles d'or. Quant à nous, enfants, nous entonnions à pleine voix des chœurs, des chansons de notre époque. C'était notre façon à nous d'exprimer notre joie de vivre. C'était Alger la blanche !

Je pensais que dorénavant, en France, notre mode de vie allait changer. Tout ce que nous avions connu auparavant était révolu. Il est vrai que sorti du contexte « d'Alger la Blanche », de ses paysages fantastiques, du climat bienfaisant bref de ce paradis terrestre, l'ambiance n'étant plus au rendez-vous, nous n'avions plus le cœur à nous comporter de la même façon. Désormais, il fallait se plier au règlement d'une petite ville de banlieue dont la devise était : « métro, boulot, dodo » !

Je me remémore encore aujourd'hui, notre joie, lorsque qu'arrivés aux Rossays, nous apprenions que notre oncle et notre tante ainsi que leurs deux garçons (qui avaient habité Bab El Oued à Alger), se trouvaient eux aussi à Savigny/Orge ! Nous étions ainsi rassurés sur leur sort, sachant que rentrés en France, le hasard pour une fois avait bien fait les choses, puisqu'ils occupaient depuis quelques mois, un appartement dans la résidence des Rossays, mais, juste l'immeuble d'en face, la dernière cage d'escalier tout au fond du parc. C'était formidable, non ?

Je prenais alors conscience des ravages que cette guerre d'Algérie avait faits une fois de plus, en nous laissant sans nouvelles de notre famille, en nous privant de tout contact avec ces personnes.

Nous étions d'autant plus heureux de les savoir près de nous que cela nous redonnait un peu de baume au cœur. Ainsi, je me souviens que très souvent, ils s'associaient à nos sorties à Alger. Que de moments de bonheur nous avions connus, tous ainsi réunis. Que de divertissements nous avions partagés ! Par exemple, les courses de chevaux, les courses de lévriers, les pique-niques, les réunions de famille autour d'un repas où tout le monde avait mis « les petits plats dans les grands », les grandes occasions : baptêmes, communions….

Bien sûr, n'oublions pas les rues d'Alger que nous parcourions fréquemment avec eux, sans jamais nous en lasser. Ainsi, en les voyant à nouveau, nous retrouvions quelque peu nos racines, nos coutumes, nos traditions, notre façon de vivre et nous nous sentions déjà, un peu moins dépaysés. Nous prenions un réel plaisir à raviver avec eux tous les souvenirs que nous avions en commun.

Quelques mois plus tard, notre père était rentré en France et nous avait rejoint. Mais, le déménagement qu'il avait fait partir bien avant lui, n'était toujours pas arrivé. Alors, pratiquement tous les week-ends, il nous emmenait en gare de dépôt de Corbeil-Essonnes afin de savoir où était passé le container qui transportait nos meubles. Mais, chaque fois la réponse était négative, aussi, nous en étions arrivés à un stade où nous pensions qu'il était définitivement perdu ! Des bruits affolants couraient comme quoi, le container avait été jeté dans la mer Méditerranée. Mais, à cela, nous ne voulions pas y croire, c'était trop affreux !

Alors, nous continuions à occuper un appartement pratiquement vide, à proprement parler, à l'exception des achats que notre mère avait faits au BHV, depuis notre arrivée. Mais vous savez, vivre ainsi ne nous dérangeait pas, l'essentiel était que nous y soyons bien, et que nous ayons un domicile. C'était là le principal !

Pourtant, plus d'un an après, alors que nous n'y croyions plus, nos parents nous apprenaient que le container qui contenait nos meubles, venait d'être retrouvé et que notre déménagement allait nous être livré très bientôt. Ne me demandez surtout pas où il avait été retrouvé, je ne saurais vous le dire, l'essentiel était qu'il soit là. Une seule chose comptait pour nous, c'est qu'il n'ait pas été endommagé ni ouvert et sur ce point, nous ne pouvions qu'être rassurés ! Tout était en parfait état.

Si vous aviez vu notre joie lorsque les meubles étaient arrivés, nous ne tenions plus en place ! Nous retrouvions toutes nos affaires, même nos vêtements restés là-bas, rue Sadi Carnot. Je regardais avec bonheur, le secrétaire neuf à rabat et la chaise en plastique rouge aux pieds laqués noirs qui avaient été achetés dans une petite boutique du tunnel des Facultés. Nos parents quant à eux, contemplaient fièrement, la salle à manger en merisier massif, avec ses six chaises cannelées qui n'avaient jamais servi, puisqu'entassées à Birmandreis où l'instabilité régnait ! Ils découvraient également, un beau canapé trois places en velours lisse beige clair, dont ils avaient complètement oublié l'existence, tant il était resté parmi les autres meubles à Birmandreis !

Je réalisais alors, combien cette terrible guerre qui n'en finissait plus, avait fait encore plus de ravages que je ne l'aurais imaginé !

Dans ce déménagement, on trouvait aussi, un beau réfrigérateur congélateur et qui allait permettre à notre mère de pouvoir enfin conserver et rafraîchir toutes les denrées, comme toute autre ménagère.

Une bibliothèque en acajou allait bientôt tapisser le mur du fond du salon. Enfin, nos parents, ne manquaient pas de s'exclamer devant deux grandes caisses remplies de vaisselle raffinée qu'ils avaient eue en cadeaux ou même, à leur mariage et qui allait bien vite remplir le buffet de leur salle à manger en merisier. Que d'heureux moments !

Bien sûr, il manquait quelques meubles, mais, sur ce point, nos parents avaient décidé de les acheter, au fil du temps, petit à petit. À l'exception, d'une machine à laver Vedette qui était plus que nécessaire à notre mère afin qu'elle ne s'use plus les mains à faire d'interminables lessives épuisantes. Ce temps pour cela, était révolu ! Et en dernier point, une surprise nous attendait dans le salon de notre nouveau logement, puisqu'un beau et imposant poste de télévision en acajou, reposait sur une petite table, réservée à cet effet !

On pouvait vraiment dire que depuis notre arrivée en France, tout se déroulait fort bien et pourtant, une ombre subsistait encore au tableau. Depuis quelque temps, nous n'avions plus de ses nouvelles de tante Marie.

Là encore, la guerre d'Algérie avait fait tant de ravages que depuis notre départ d'Alger, elle n'avait plus aucune adresse postale pour nous écrire en France. Aussi, notre mère se décidait à l'appeler sur son lieu de travail. Mais, la standardiste qui avait décroché l'appel, avait dit que notre tante ne travaillait plus là-bas, qu'elle se trouvait depuis quelques mois à Pithiviers et donnait également ses coordonnées.

Là encore, après avoir eu tante Marie au téléphone, il fallait se rendre à l'évidence que celle-ci se montrait peu bavarde et ne semblait pas en très grande forme. Aussi, le prochain week-end arrivant, nous prenions la route du Loiret afin d'aller la voir. Arrivés sur son lieu d'habitation, nous n'en revenions pas, nous comprenions mieux la situation ! Notre tante avait eu affaire à un marchand de sommeil qui lui avait loué un logement si exigu et peu accessible, qu'il n'était pas possible d'y vivre dedans. Il fallait monter par une échelle, pour accéder à ce bien, il était sous les combles et il y faisait une chaleur étouffante puisqu'il n'y avait qu'une seule lucarne pour éclairer le tout ! En nous voyant ainsi, tous en bonne santé, notre tante était rassurée et heureuse de notre venue. Nos parents avaient vite fait comprendre à cet agent immobilier sans scrupule, que tout cela n'était pas normal et qu'il allait devoir laisser partir sur-le-champ tante Marie, sans préavis. À la place, elle avait trouvé un bien plus agréable et plus proche de son lieu de travail, à Orléans.

Tout allait mieux, bien sûr et pourtant, en raison de l'éloignement qui nous séparait d'elle, nous ne la voyions pas aussi souvent, ce n'était plus comme avant ! Aussi, notre tante Marie, après avoir pris deux jours de congés, avait décidé de nous rendre visite et de nous emmener visiter un appartement qu'une agence immobilière, cette fois fiable, lui avait proposé. Il se trouvait tout près de notre ville, à trois kilomètres environ, à Juvisy/Orge. C'était donc bien plus pratique pour nous tous !

Et là, nous restions émerveillés devant un grand deux-pièces vide, disponible à la location ; il se trouvait dans un bel immeuble neuf. Cet appartement avait deux orientations différentes dont une vue superbe sur la Seine. Il possédait une chambre spacieuse, toute moquettée de revêtement de velours gris. Un long couloir présentait un vaste dressing aux belles portes acajou. Le sol quant à lui, était recouvert de moquette de velours rouge, cette fois. La plus grande des pièces, à la superficie imposante, s'ouvrait sur de larges baies vitrées qui donnaient sur les quais de la seine.

En guise de balcon, ma tante découvrait une spacieuse terrasse où il faisait bon vivre ! Je dois dire, qu'en ces instants-là, nous étions tous, sous le charme d'un logement non seulement luxueux, confortable, mais qui était situé dans un quartier bien tranquille, avec en plus, des commerces à proximité. Tante Marie bien sûr, n'avait pas hésité une seule seconde à signer le contrat juste avant que d'autres clients, qui étaient sur une liste d'attente, ne s'en emparent. Nous n'en revenions pas, c'était une chance inouïe et en plus, non loin de chez nous ! Désormais, il ne se passait pas un week-end sans que nous nous retrouvions tous ainsi réunis. Soit, nous allions chez elle ; où nous prenions le frais, sur sa belle terrasse envahie de fleurs de toute beauté, soit elle venait chez notre mère et là, toutes deux heureuses de se retrouver, bavardaient inlassablement tout en mijotant de bons petits plats.

Conclusion

Voilà, cette triste histoire prend fin. Elle a malheureusement été le reflet d'une guerre impitoyable et sans merci ! Ce que j'ai voulu avant tout, c'est que ce récit soit le témoignage d'évènements graves qui ont troublé ma jeunesse et ont gâché une partie de mon enfance et de mon adolescence. Ceci, afin de vous montrer à quel point nous avons dû nous armer de courage pour continuer à vivre ainsi, en dépit de toutes ces épreuves.

Il est vrai que ce livre n'a pas été facile pour moi, j'ai eu bien du mal à l'écrire. J'ai dû m'y prendre à plusieurs reprises, mais, chaque fois, j'abandonnais, c'était trop dur de repenser à tout cela. Aussi, je ne peux qu'être fière aujourd'hui, d'avoir trouvé enfin le courage de terminer cet ouvrage !

Il faut dire que depuis mon rapatriement, je n'ai jamais souhaité retourner là-bas, ne serait-ce que pour un voyage d'agrément. Revoir les quartiers que j'ai connus, les rues que j'ai fréquentées, mes écoles, le bleu de la mer…. À quoi bon, ce n'est plus mon pays et tout a tellement changé depuis ! Et puis, tous ces évènements tragiques ont désormais sali à mes yeux Alger la Blanche. Je ne peux que déplorer les dernières années que j'ai connues là-bas, elles ont été d'une telle intensité, il y a eu tant d'atrocités, que je préfère désormais, tourner la page et profiter d'heureux moments dans la région où je vis actuellement en France.

Hélène FAUQUE

Si vous souhaitez m'écrire, voici mon site internet :

https://surlaroutedalger.fr

Voilà c'est fini, je vous ai tout raconté,

Tout dévoilé de mon enfance.

Nous aimions cette terre,

Nous vivions notre bonheur intensément

Nous ne pensions pas qu'un jour, cela s'arrêterait ainsi.

Et soudain tout a changé,

Tout a basculé

Arrachés brusquement à cette terre, à ce si beau pays,

Totalement déracinés,

Nous avons été plongés dans le néant.

Nous avons perdu nos repères, nos coutumes, nos traditions,

Nous avons perdu nos amis,

Nous avons perdu le bleu de la mer,

Le soleil, notre bienfaiteur !

Nous avons été dépossédés d'un merveilleux trésor :

La joie de vivre.

© 2023, Hélène FAUQUE
Édition : BoD - Books on Demand, info@bod.fr
Impression : BoD – Books on Demand,
In de Tarpen 42, Norderstedt (Allemagne)
Impression à la demande
ISBN : 978-2-3224-8873-5

Dépôt légal : Août 2023